Francisque de Corcelle

De l'Impôt progressif

Essai

ISBN : 978-1983821431

10 9 8 7 6 5 4 3 2 1

Francisque de Corcelle

De l'Impôt progressif

Essai

Table de Matières

De l'Impôt progressif

Depuis quelques années et aujourd'hui plus que jamais, de sincères amis de l'humanité voudraient substituer un impôt *progressif*, sur les fortunes, à l'impôt *proportionnel* actuellement établi. Cette opinion nous séduisait par la justice de ses motifs ; cependant, après y avoir réfléchi, elle nous a paru contraire au bien général du pays, et par conséquent des classes pauvres dont elle cherche le soulagement avec un noble courage.

Nous n'avons point la prétention de proposer ici d'autres remèdes à tant de misères aussi douloureuses que menaçantes pour l'état, mais seulement de signaler les vices d'un système général d'impôts, à notre avis inadmissible. Pourquoi ceux qui ne partageraient pas notre manière de voir, nous refuseraient-ils les dispositions bienveillantes que nous serons toujours prêts à leur offrir, un esprit attentif et le respect de leurs intentions ?

L'impôt *proportionnel* auquel on oppose, dans le langage peu exact des économistes, l'impôt *progressif*, présente lui-même les caractères d'une *progression géométrique*, c'est-à-dire dans une proportion *variable* avec les revenus imposés, quelle que soit leur quotité. On entend au contraire par impôt *progressif*, une base de cotisation d'après laquelle, au-delà d'une certaine somme qu'on peut exempter de toute contribution, le second écu paie plus que le premier, le troisième plus que le second, et ainsi de suite, dans une proportion qui varie en s'accroissant, et s'applique à toutes sortes de revenus.

Or, l'impôt progressif peut résulter d'une seule ou de plusieurs progressions, croissantes soit uniformément, soit irrégulièrement, avec plus ou moins de lenteur ou de rapidité, et il serait inutile de prouver à ceux qui connaissent les premiers éléments du calcul, que les différentes bases imaginables de progressions, ainsi que leurs modes d'accroissement, sont *mathématiquement en nombre infini*.

D'un autre côté, la matière imposable, quoique limitée, est cependant très diverse.

Quand on parle d'impôt progressif, demande-t-on qu'il embrasse toute matière imposable, ou bien qu'il soit partiel, comme cela existe en plusieurs pays, et en France, dans de certaines limites, pour les loyers non convertis en droits d'entrée ? Sera-t-il définitif ou seulement temporaire, ainsi que la Convention dut en faire l'essai pour ses emprunts forcés ?

On voit qu'avant d'ériger en aphorisme républicain la nécessité d'un impôt progressif, il faudrait, pour s'entendre, désigner d'abord sa matière imposable et une progression quelconque.

Le produit de l'impôt *proportionnel* reste toujours le même sur une quantité donnée de richesses, soit qu'elle appartienne à un seul individu, soit qu'elle se trouve répartie entre plusieurs également ou inégalement. Ainsi, que l'impôt proportionnel soit fixé au dixième de la matière imposable, cette proportion ne change ni pour l'état ni pour le contribuable. Sur 300,000 fr. de revenus, le trésor public est assuré de 30,000 fr., quels que soient le nombre et la fortune des imposés.

Le produit de l'impôt *progressif* doit au contraire varier, selon qu'une quantité donnée de richesses appartient à un seul ou à plusieurs individus et se partage également ou inégalement entre eux.

Il est possible et cela dépend entièrement du choix de la progression :

1° Qu'un seul propriétaire de 300,000 fr. de revenu, doive contribuer pour la moitié, ce qui fait 150,000 fr.

2° Qu'un certain nombre de propriétaires d'un pareil revenu de 300,000 fr., distribué inégalement entre eux, n'aient à contribuer au total que pour 10,000

3° Que trois cents propriétaires du même revenu également distribué entre eux, ce qui fait 1000 fr. pour chacun, ne soient cotisés qu'à raison d'un pour mille, en sorte qu'ils ne devraient au total, que 300

4° Que ces 300,00 fr. de revenu soient tellement divisés, qu'aucune fortune n'atteigne la limite où commence la progression. Le revenu de l'état et les charges des contribuables varieraient donc depuis zéro jusqu'à 150,000 fr., sur une même quantité de richesse.

Quand le taux de l'impôt *proportionnel* est modéré, le contribuable ne paie jamais rien au-delà du prix de son travail, et par conséquent n'est jamais réduit à se détacher de sa propriété ou de tout exercice de son industrie.

Il en est autrement de l'impôt *progressif*. Toute progression qui s'accroît indéfiniment et marche avec une certaine rapidité, amène un moment où le contribuable se trouve dans l'impossibilité de rien acquérir au-delà de ce qu'il possède, ou même d'exercer plus longtemps son industrie, à moins de consentir à la perte successive de tout ce qu'il aurait acquis.

Exemple : soit la progression où 100 fr. de revenu seraient affranchis de toutes contributions, mais d'après laquelle,

200		10 %
300	fr. seraient cotisés	à 11
400		à 12, etc.

Le moment où l'on n'a plus aucun intérêt d'acquérir ou d'utiliser son industrie, est celui où l'on possède un revenu de 4600 fr., lesquels doivent contribuer pour 2484 fr. ; car si l'on se donne la peine d'augmenter son revenu de 100 fr., ce qui l'éleverait à 4700 fr., on devra contribuer pour une somme de 2,585 fr., plus forte que la précédente de 101 fr. Mais la fortune n'est augmentée que de 100 fr. Voilà donc 1 fr. qu'on est obligé de prendre sur ce qu'on avait acquis.

Celui qui, jouissant du même revenu de 4600 fr., voudrait devenir plus riche, verrait au contraire décroître sa fortune en telle sorte que, lorsqu'il serait arrivé à 9,200 fr., il n'aurait plus rien à lui, puisqu'il serait obligé de contribuer pour une pareille somme de 9200 fr. L'absurdité de ces résultats, qu'on peut vérifier par le calcul, prouve qu'il faut examiner de près les effets des progressions.

Les progressions sont-elles rapides, indéfiniment croissantes, appliquées à toutes les sortes de revenus ? Nous venons de voir qu'elles détachent le contribuable de sa propriété et réduisent le producteur à l'inertie. Or, l'impôt qui agirait ainsi, serait une loi agraire déguisée, puisqu'il ramènerait bientôt toutes les fortunes au même niveau. A vrai dire, il ne s'agit plus ici d'un problème d'économie politique, mais d'un nouveau régime social sans analogie avec celui qui existe.

Si l'on demande pourquoi il serait impossible d'établir des progressions sagement graduées ? nous répondrons qu'à l'exception de quelques impôts particuliers comme sur les loyers ou les successions, le seul moyen d'en avoir est de recourir aux proportions simplement géométriques, ou en d'autres termes, à l'impôt proportionnel. On pourrait bien déterminer une portion de nécessaire, exempte de contribution, soumettre la portion suivante à un impôt proportionnel, et livrer la fortune excédante à une progression indéfinie ; mais ce serait reculer, pour lui plus ou moins grand nombre d'individus, le moment où le désir d'accroître son revenu n'a plus d'objet. Ce moment d'inertie arriverait d'ailleurs beaucoup plus tôt que le terme donné par le calcul. On doit tenir compte en effet, non-seulement du revenu net du contribuable, mais du passif de sa propriété, de ses dépenses personnelles, de ses frais de gestion qui s'accroissent avec le patrimoine lui-même.

Sans doute, dans le nombre *infini* des progressions possibles, il est facile d'en trouver dont le produit soit inférieur à celui de l'impôt proportionnel. Nous en verrons un exemple assez inattendu dans un projet d'impôt progressif proposé par M. A. Decourdemanche, auteur de plusieurs écrits estimés sur la jurisprudence et l'économie politique.

Pour le moment, nous ne parlons que des progressions croissantes avec plus ou moins de rapidité, et dans le but avoué de grever les riches, plus que ne le fait l'impôt proportionnel. Afin de préciser quelque peu nos jugements, nous examinerons les effets des progressions de ce genre sur chaque branche d'impôts en particulier ; mais avant de nous engager dans cette discussion toute neuve encore, il nous semble utile de montrer pourquoi elle est neuve, et comment il était difficile qu'elle fût abordée avec l'esprit tranquille de la science.

Comme l'impôt progressif touche aux conditions fondamentales de la propriété, l'ardeur des réformes n'ose s'en emparer qu'après une sorte d'apprentissage. Il faut de plus que les réformateurs y soient obligés par certaines catastrophes que leurs théories devanceraient inutilement. C'est ce que prouve, en effet, l'histoire des peuples les plus avancés dans leurs institutions. Cherchons donc, pour notre propre expérience, à quel degré de maturité ces peuples sont parvenus sur la question qui nous occupe.

Aux États-Unis, ce pays si fécond en nouvelles expériences sociales, on aperçoit partout un respect scrupuleux pour la posses-
sion légale des biens acquis. Ce sentiment est-il un reste des traditions féodales de la mère-patrie ? Non, les favoris de Charles II
ne furent pas heureux dans leurs projets de fiefs américains. Cette
fière population a secoué tous les privilèges du sol et de la nais-
sance pour ne conserver de la propriété que les garanties de droit
commun, admises jusqu'à ce jour dans les pays civilisés[1]. Il est bien
plus simple devoir dans les propres habitudes du peuple améri-
cain les causes de son respect traditionnel pour les patrimoines.
Les passions qui attachent à la propriété, s'accroissent avec les
facilités du travail et de ses profits. Comment des établissements
que chacun peut créer à son tour, seraient-ils contestés ? Quand
on a devant soi, avec des gains toujours possibles, un continent à
cultiver, ce qu'il y a de plus précieux pour le producteur, c'est le ca-
pital nécessaire à ses entreprises. Aussi, les divers gouvernements
de l'Amérique du Nord se sont-ils abstenus, autant que possible,
d'imposer immédiatement les revenus qui sont les instruments de
la reproduction. Les neuf dixièmes des ressources du gouvernement central se composent d'impôts indirects ou des recettes de la
douane, d'autant plus abondantes que les tarifs sont plus modérés,
et que le commerce est plus prospère par la liberté dont il jouit ; le
reste provient des propriétés nationales. La plupart des gouvernements propres à chaque état n'ont également aucune taxe directe.

New-York n'en a pas encore. Ceux que leur dette et leurs besoins
particuliers y obligent, ont établi sur les revenus des impôts proportionnels qui n'atteignent jamais le nécessaire. La Pensylvanie
et d'autres états en petit nombre ont soumis certaines branches de
revenu public, comme les successions, à un impôt gradué. C'est
une rare exception. Les taxes directes sont généralement réservées
à l'administration locale des districts et comtés. Ainsi, l'impôt progressif n'a pas été réclamé aux États-Unis et ne pouvait l'être.

Depuis longtemps, il est vrai, des sectes religieuses ont voulu réaliser une communauté des biens. Il n'y a dans ces efforts étrangers
à tout but politique et contraires aux mœurs américaines qu'un
désir bizarre d'imiter les premiers chrétiens. Les saints qui veulent
confondre leurs propriétés n'ont aucune prétention sur les biens
profanes. D'autres sectes philosophiques, avec des vues du même

genre et des motifs différents, s'éteignent dans un complet discrédit. Owen pouvait-il réussir avec un système qui rétribue également l'activité et la paresse, l'incapacité et l'intelligence, dans un pays où l'industrie obtient si aisément des parts inégales ? Encore faut-il observer que la communauté d'Owen était une importation anglaise de même que le parti des *working-men*(travailleurs), le seul qui, dans l'état de New-York, ait pris une attitude hostile à la propriété. Un moment, la ville de New-York fut émue par les *working-men*. On se rassura quand aux élections de 1830, ils n'eurent obtenu qu'une voix sur cent vingt-cinq.

En Angleterre, on en est encore à marchander les privilèges d'une aristocratie maîtresse de la plus grande partie du sol. L'idée d'un système général de contributions progressives est à peine connue et probablement ne remuera pas de longtemps les esprits. Smith, Ricardo, Malthus n'en disent rien. La confiscation des biens du clergé et de l'aristocratie, la banqueroute de l'état, voilà peut-être ce qui serait mis d'abord en question dans de grandes commotions civiles. L'Angleterre n'est pas comme nous exposée aux coalitions européennes. Ses représentants ne seront donc probablement jamais dans la situation suprême de la Convention, réduite à ruiner ses propres défenseurs, après avoir dépouillé ses ennemis. L'avantage de leur position insulaire et l'immensité de leurs ressources en tous les genres permettent aux Anglais beaucoup de transactions qui nous étaient impossibles. Sans doute une population d'ouvriers plus agglomérée que partout ailleurs, et sujette à d'excessives vicissitudes dans ses moyens d'existence, menace l'état du continuel accroissement de ses misères. De là d'horribles et passagères émeutes dans les moments de désespoir, de nombreux délits, mais point d'attaques systématiques contre la propriété. C'est en Angleterre que les souffrances du prolétaire manufacturier devaient naturellement provoquer les premiers essais pratiques ayant pour but d'y remédier par des voies radicales. Owen a l'honneur de l'initiative[2]. Son système n'est pas une violence envers la société établie, mais envers la nature humaine. Il n'appelle pas au secours de sa communauté des biens, les armes des factions, La persuasion lui paraît suffisante. Il est vrai que personne n'est persuadée.

Arrivons à la France. L'histoire des projets de contribution progressive et des systèmes qui les ont ensuite dépassés en audace, commence avec les difficultés financières de notre révolution. Tant que les classes ennemies de toutes les réformes qui avaient porté sur elles, conservèrent leurs richesses, il ne fut pas question l'impôt progressif. On croyait avoir une ressource suffisante pour les besoins éventuels de la guerre. Mais quand on eut saisi les biens de l'émigration, le plus grand embarras fut d'en trouver de l'argent. Il fallut recourir à des mesures violentes, sans trop accorder à ceux qui s'en prenaient déjà à la propriété, de tous les périls de la patrie. C'est ainsi que, sur la proposition de Barrière, le 18 mars 1793, la Convention décréta en dix minutes, 1° *qu'il serait établi* un impôt gradué et progressif sur le luxe et les richesses tant foncières que mobilières ; 2° que la peine de mort serait prononcée contre quiconque proposerait une loi agraire ou toute autre subversive de la propriété.

Assurément, dans ce premier mouvement d'un vote instinctif, l'on ignorait que telle progression d'impôts aurait pu avoir des effets analogues à ceux d'une loi agraire, ainsi que nous l'avons démontré. La Convention, au surplus, n'avait pas le choix de ses décrets.

Un économiste osa pourtant soumettre à son comité des finances un excellent traité contre l'impôt progressif. C'est le seul qui ait paru jusqu'à ce jour, tant cette matière est encore peu connue ! Nous avons lu avec toute l'attention qu'il mérite ce traité de M. Jollivet, ancien membre de l'assemblée législative. Ses principaux arguments sont résumés dans notre écrit, et nous n'avons cru pouvoir mieux faire pour nos lecteurs, que de leur en offrir ainsi la substance, en y mêlant nos réflexions[3].

Les membres du comité conventionnel, éclairés par cet ouvrage, en avaient ordonné l'impression, mais craignant aussitôt de se perdre, ils laissèrent à son auteur le soin dangereux de le publier.

On ne songeait d'ailleurs qu'à une application provisoire du principe mal compris de l'impôt progressif, et véritablement elle était inévitable. Pauvres économistes ! Les émissions de papier-monnaie aux États-Unis et en France, l'incendie de Moscou, toutes les déterminations de cet ordre ne comportent plus leur minutieuse prévoyance.

Un premier emprunt forcé, s'élevant à un milliard, fut décrété par la Convention. Son mode d'exécution très arbitraire ne réalisait point ce que l'on entend par impôt progressif. Il s'agissait seulement d'une taxe proportionnelle d'un dixième sur toutes les sortes de revenus, depuis 1000 fr. jusqu'à 10,000 fr. Au-delà, l'état prenait tout. On sait que ce milliard fut payé en valeurs dépréciées.

Un autre emprunt forcé de 600 millions fut établi en l'an IV par de semblables moyens, et ne rapporta que les deux tiers de la somme requise.

Le dernier emprunt de cette sorte, s'élevant à 100 millions, fut décrété en l'an VU. Celui-là a vraiment le caractère progressif. M. Jollivet en a démontré les conséquences par des tableaux dont nous parlerons.

A partir du 9 thermidor, la Convention était traitée en ennemie par une partie de ses membres associés à des clubs, qui, voyant le nouvel esprit du gouvernement révolutionnaire, réclamaient la suspension de sa dictature et l'exercice régulier de la constitution de 93. A ces demandes, on répondit, après les journées de prairial, par des déportations et des supplices. Mais sous la clef de leurs geôliers, les vaincus de ces journées élaborèrent un système mille fois plus incisif que tout ce qui avait été imaginé sous le régime de la terreur. Telle fut l'origine de la conspiration de Babeuf, déjouée le 21 floréal an IV[4]. La témérité de certaines utopies ne peut que s'accroître dans les loisirs et les ressentiments d'une prison.

L'historien de la conspiration de Babeuf, M. Buonarroti, nous apprend que des milliers de sectaires en étaient venus à considérer toute espèce de richesse individuelle comme une source de corruption[5]. Plus la propriété et les divers partis persécutés depuis le 31 mai 1793, réagissaient contre les mesures qui les avaient accablés, plus les amis de *Babeuf* devaient attacher d'importance à en finir avec ces obstacles toujours renaissants. De même que la Convention avait trouvé l'impôt proportionnel trop peu démocratique, les nouveaux conjurés ne voyaient dans le principe d'impôt progressif décrété par elle, qu'une transition pour arriver à leurs fins, une justice incomplète au moyen de laquelle la majorité corrompue avait voulu déguiser son égoïsme.

« *L'impôt progressif* dit M. Buonarroti, *serait un moyen efficace de morceler les terres, d'empêcher la cumulation des richesses et de bannir l'oisiveté et le luxe, si l'estimation exacte des fortunes qu'il exige,*

De l'Impôt progressif

n'était pas très difficile à atteindre : on peut bien évaluer le revenu des immeubles ; mais comment apprécier les capitaux qu'il est facile de dérober à tous les yeux ? Cette manière d'asseoir l'impôt, serait tout au plus un acheminement au bien, mais elle ne couperait pas la racine du mal. » (P. 86.) Nous recommandons ces objections à ceux qui réclament aujourd'hui l'impôt progressif de très bonne foi, mais sans le définir ni l'appliquer à aucun objet précis.

Depuis le 18 brumaire jusqu'aux dernières années de la restauration, les essais et controverses que nous venons d'exposer disparaissent entièrement. La grande propriété, secondée par les gouvernements qui se succèdent, travaille à refaire son ancienne existence. Alors commence une autre réaction dont les causes morales et économiques sont assez compliquées.

Pour la première fois depuis l'an VII, le saint-simonisme entreprend de rajeunir l'impôt progressif, considéré, à cette époque, comme une ressource de guerre, et trente ans plus tard, comme un remède aux calamités de la paix. En effet, les mécomptes industriels qui surviennent après les premiers moments de prospérité dus à la paix de 1815, appellent vivement l'attention des économistes sur les misères de la population des fabriques, les dérèglements d'une concurrence illimitée, l'inégalité des conditions sociales et les moyens de mieux répartir le poids des impôts. Nous nous écarterions de notre sujet, si nous disions pourquoi le saint-simonisme voulut tourner contre la grande propriété, les traditions chrétiennes dont elle se faisait une arme contre-révolutionnaire, et par quel étrange amalgame de sentiments, on revenait à l'impôt progressif à travers les révélations successives de Moïse, de Jésus, ou de monsieur *un tel.* Dans le cours de nos recherches, nous examinerons les progressions proposées par cette école, la seule qui ait développé quelques vues sur cette question, quoiqu'elle y vît seulement, comme les niveleurs de prairial, un expédient transitoire. Si la révolution de juillet a redoublé momentanément les maux de la population ouvrière, elle a ravivé en elle le sentiment de sa puissance, l'espoir de s'élever en bien-être comme en dignité. C'était plus qu'il n'en fallait pour encourager ceux qui tentent de rejeter sur les riches les charges accablantes de la non-propriété. Plusieurs journaux à Paris et dans les départements, des sociétés politiques se sont formées pour réclamer un grand nombre de réformes radicales en matière d'impôts. Les contributions progressives en font assez ordinairement partie.

Peut-être l'agitation des temps que nous venons de traverser a-t-elle entraîné de bons esprits à s'accommoder trop vite de quelques formules saint-simoniennes, qu'il serait difficile île détacher d'une parodie théocratique, pour en faire la base d'une doctrine républicaine.

Le principe de la souveraineté du peuple motive la confiance, mais exclut la foi dans ceux qui gouvernent. C'est pourquoi il y a certains pouvoirs sur la propriété qui ne nous paraîtraient pas mieux placés entre les mains d'une dictature populaire, qu'au service d'une théocratie.

Concluons de ce qui précède, que l'idée d'une application générale d'impôts progressifs, débattue depuis 93 seulement, dans des circonstances dissemblables, n'a jamais été éprouvée par l'expérience d'aucun peuple. Ajoutons que des partis également très différons les uns des autres et des sectes fort différentes de ces partis n'ont recommandé les progressions, que dans les vues politiques, philosophiques ou religieuses, qui leur étaient propres. Excepté M. Jollivet, aucun économiste français n'en a parlé sérieusement. Ainsi, nous avons été surpris de lire dans le principal ouvrage de M. J.-B. Say, que l'*impôt progressif est le seul équitable*, sans trouver aucune explication relative à son mode d'accroissement et à son assiette [6].

L'impôt progressif est donc encore une conception très confuse. Il nous importait d'en indiquer les causes. Par là, nous sommes mieux amenés à chercher les effets des progressions indéfiniment croissantes, sur chaque branche d'impôts.

Variations du produit de l'impôt progressif appliqué aux contributions locales. — Son effet sur les villes. — Il ne peut être qu'un impôt de quotité.

Nous avons vu que le produit de l'impôt proportionnel ou géométrique est invariable, quelle que soit la quotité des fortunes imposées, et que le produit de l'impôt *progressif* doit au contraire varier, selon qu'une quantité donnée de richesse est également ou inégalement distribuée entre un plus ou moins grand nombre d'individus.

Il peut même arriver que le revenu public soit nul, si la matière imposable est assez divisée pour qu'aucune fortune n'atteigne la limite où commence la progression.

Il résulte de cette propriété de l'impôt progressif, qu'étant appliqué collectivement à trois communes qui auraient chacune 600,000 fr. de revenus inégalement répartis, la commune A pourrait être imposée à 300,000 fr., la commune B à 20,000 fr., tandis que la commune C où les revenus seraient très divisés, ne paierait aucune contribution.

Mais la commune A étant privée de la moitié de ses revenus ou moyens de reproduction, s'appauvrirait rapidement. Les grandes villes où il y a plus de fortunes inégales que partout ailleurs, succomberaient sous le poids des progressions. Paris n'existerait plus. Lorsqu'en l'an VII, un dernier emprunt fut résolu d'après le mode progressif, on évalua à plus de 70 millions la part de la capitale sur les 100 millions imposés. Ceux qui redoutent par-dessus tout de porter atteinte à l'unité politique, administrative et morale du pays, doivent s'effrayer d'un tel résultat.

Étrange inconséquence ! le 18 mars 1793, l'unanimité de la Convention votait la peine de mort contre tout fauteur de mesures subversives de la propriété ; elle décrétait en même temps le principe de l'impôt progressif, qui, rigoureusement appliqué, eût porté de mortelles atteintes à la propriété et à l'existence des villes. Deux mois plus tard, le 31 mai, la minorité de cette assemblée encourait une accusation capitale de *fédéralisme*. Qu'y avait-il de plus anarchique, cependant, et sous ce rapport de plus *fédéraliste*, que le vote unanime d'un principe dont le premier effet eût été de détruire les villes ?

Mais nous le répétons, la science n'a que des avis insuffisants pour les pouvoirs qui, une fois engagés dans la voie des révolutions, peuvent se perdre d'une manière très logique aussi bien que par leurs inconséquences. Les économistes, qui étudient à tête reposée, sont tenus de mettre plus de rigueur dans leurs déductions. Ainsi, avant de réclamer l'impôt progressif pour dégrever la population manufacturière de tout ce qu'ils veulent ajouter de surtaxe à la propriété, ils feraient bien de songer que le soulagement des manufactures est inconciliable avec le dépérissement des villes.

M. Jollivet ayant analysé une progression proposée en 1793, par le comité des finances de la Convention, il en résultait que dans certains cas, en supposant les contributions municipales progressives, comme les impôts perçus par le trésor public, les fortunes inférieures, après le prélèvement des diverses taxes, pouvaient s'élever au-dessus des fortunes supérieures.

« Pour prévenir ce résultat, il faudrait donc, disait M. Jollivet, interdire l'usage des progressions croissantes aux corps administratifs, et les réserver pour le trésor public seul ; mais si un tel instrument est dans la nature du régime social, pourquoi toutes les administrations locales ne s'en serviraient-elles pas ? »

L'impôt collectif ou de *répartition* oblige, comme on sait, les diverses circonscriptions administratives à verser au trésor un contingent déterminé et invariable, sauf à le répartir sur les contribuables des communes, en proportion de la fortune de chacun d'eux ; tandis que l'impôt de *quotité* oblige isolément chaque individu vis-à-vis du fisc.

Quand l'impôt est de *répartition*, chacun ayant à craindre d'être cotisé dans une proportion plus forte qu'il ne devrait l'être, son intérêt personnel le porte à empêcher la fraude de son voisin. Il en résulte une surveillance mutuelle qui économise un grand nombre d'agents à l'état, et lui garantit la perception entière de ses recettes. Mais les contribuables des communes ne peuvent être intéressés à l'intégrité des perceptions d'un impôt *progressif*.

Comment le seraient-ils ? Ce n'est pas la masse des richesses de la commune que l'état prend en considération, mais seulement la manière dont elle est distribuée. La base de cotisation agissant inégalement sur les contribuables, forme autant d'impôts séparés qu'il y a de fortunes inégales.

Afin d'obtenir les avantages propres aux impôts de *répartition*, vainement on essaierait de les rendre *proportionnels* à l'égard des communes, et *progressifs* à l'égard des contribuables, c'est-à-dire de taxer les communes en proportion géométrique de la masse de leurs richesses, sauf à répartir leur contingent sur les individus, conformément à l'échelle de progression adoptée.

Il arriverait, 1° en plusieurs cas, que de deux fortunes parfaitement égales, l'une serait écrasée par cet impôt collectivement proportionnel et individuellement progressif, tandis que l'autre, étant

placée dans une commune contiguë, n'aurait presque rien à payer ;
2° en d'autres cas, que les fortunes médiocres ne pourraient suffire
à l'impôt, même par la voie de l'expropriation.

On conçoit aisément que deux fortunes égales paieraient plus ou
moins, selon qu'elles seraient situées dans une commune ou dans
l'autre, puisque le taux des contributions individuelles serait déterminé par le contingent variable de chaque commune, et en raison
de la manière dont les fortunes y seraient distribuées. Il n'est pas
moins facile de démontrer que l'expropriation des contribuables
pourrait ne pas suffire à former le contingent communal exigé.

Soit une commune, ayant 300,000 fr. de revenus répartis de la
manière suivante :

1	Revenu	de	6,000	fr.
2		de 3,000 fr.	6,000	
3		de 2,000	6,000	
10		de 1,000	10,000	
	Total de la matière imposable…		28,000	fr.
	Masse de revenus exempts parce qu'ils n'atteignent pas la limite où commence la progression…		272,000	fr.
	Somme pareille		300,000	fr.

Si le contingent de la commune est fixé à 30,000 f., les revenus
imposables ne s'élevant qu'à 28,000 fr., l'expropriation des seize
contribuables de ce tableau ne couvrirait pas le déficit du trésor.

L'impôt *progressif* serait donc nécessairement, par sa nature, un
impôt de *quotité*, et dès-lors il exigerait une multitude prodigieuse
d'agents, revêtus de fonctions d'autant plus difficiles que le contribuable serait conduit à pratiquer un plus grand nombre de fraudes
et de collusions. Ajoutons que les préposés du fisc ne défendant
pas leur intérêt, mais celui du trésor, seraient eux-mêmes portés
par crainte, négligence ou séduction, à s'acquitter infidèlement de

leurs devoirs, et que les frais de perception étant ainsi multipliés à l'excès, devraient accroître encore le taux des progressions exigées, en telle sorte que les revenus imposables pourraient être absorbés par l'impôt, et l'impôt par les frais de perception.

De l'impôt progressif sur les déterminations et la moralité des contribuables. — Inutilité des lois pénales pour en corriger les effets.

En supposant qu'il soit impossible de se soustraire à l'impôt progressif, il ôte à l'industrie tout motif d'accroître indéfiniment avec ses profits la richesse nationale. Dans les cas plus vraisemblables, où il y a moyen de l'éluder, il entraîne une multitude de fraudes ou de spéculations non moins immorales que ruineuses.

La *simulation de communauté* est un moyen de tromper les exigences du fisc. On peut, moyennant la précaution des contre-lettres, partager fictivement les patrimoines. Si l'on prétend que ce genre de fraude serait empêché par les fixais des actes qu'il occasionerait et les droits d'enregistrement, comment s'opposer à la *simulation* des dettes, hypothèques et *rentes viagères*, qui grè-veraient tout d'un coup les biens les plus apparents, sans aggraver la situation du contribuable vraiment endetté ? Pour distinguer le mensonge de la vérité, il faudrait adopter un système de présomp-tions arbitraires, coûteuses, vexatoires, et au demeurant inutiles, car la richesse se déguiserait sous toutes les formes plutôt que de se laisser détruire.

On en a la preuve dans la vieille expérience d'un des plus odieux impôts de l'ancien régime. La *taille* avait quelque analogie avec l'impôt progressif, sous ce rapport qu'elle ne grevait pas seulement les biens du propriétaire non privilégié, mais son industrie. Aussi l'aisance se cachait sous des haillons. Pour échapper au collecteur, la population *taillable* et *corvéable* s'abstenait d'une multitude d'ob-jets d'agrément ou même de première nécessité, dont la produc-tion fait la richesse nationale.

Sous la mortelle influence d'un système complet de contributions progressives, les uns se détacheraient de leurs propriétés foncières, afin de les convertir en biens insaisissables, ou les dissémineraient sur une plus grande étendue de territoire, pour prévenir le danger de leur contiguïté, c'est-à-dire d'un centre unique de surveillance et de répression ; les autres, en grand nombre, emploieraient leurs capitaux à l'*agiotage*, aux *accaparements* et à l'*usure*. Le manufacturier et le commerçant diviseraient leurs établissements, afin de les distribuer soit sous leur nom, soit sous des noms supposés. Beaucoup d'entre eux exporteraient à l'étranger leurs capitaux, leur industrie, et seraient suivis par leurs ouvriers, comme au temps de l'édit de Nantes.

L'agiotage, les accaparements, l'usure, le morcellement forcé des terres et des établissements industriels, seraient donc les conséquences les plus générales des progressions croissantes sur taules les sortes de revenus.

Or, qu'on y prenne garde, les rigueurs de la législation resteraient impuissantes contre tant d'abus et de maux inhérents à ce nouveau régime. Sous l'empire absolu de la Convention, les plus terribles châtiments ne manquaient pas pour arrêter les spéculations sur les assignats, les accaparements et l'agiotage, qui s'étendaient avec une rapidité effrayante sur les objets de première nécessité. Cependant les capitaux accouraient vers ces désastreuses industries, avec le même acharnement qu'on mettait à les en détourner. La raison en est bien simple. Toute violence sur l'emploi des capitaux a pour effet inévitable d'élever la différence des prix imposés par le gouvernement, avec les prix naturels qui s'établiraient par de libres transactions, et par conséquent d'accroître la cupidité de ceux qui se décident à spéculer sur cette différence. La multiplicité même des peines imaginées contre les accapareurs, agioteurs, usuriers ou contrebandiers, augmente les profils qu'ils peuvent obtenir en compensation de leurs périls. À cet égard, les lois rigoureuses agissent de la même manière que les difficultés des communications nécessaires aux échanges. On accapare et on agiote beaucoup dans les pays qui n'ont pas de chemins continuellement praticables, parce que des variations excessives dans les prix de la plupart des denrées assurent de larges bénéfices au jeu des spéculateurs.

Du morcellement des terres, des fabriques et du commerce.

Depuis longtemps on dispute sur les avantagés ou les inconvénients de la division du sol. La révolution de 89 a prouvé combien cette division était favorable au développement de la richesse nationale. Quoique les agronomes aient vanté d'utiles perfectionnements que l'on doit à la grande propriété réduite aux conditions du droit commun, de tels services sont bien surpassés par le surcroît de travail et d'industrie d'un plus grand nombre de propriétaires. Mais la division du sol cesserait d'être un bien pour le pays où des contributions progressives fractionneraient violemment les patrimoines. Tous les inconvénients que François de Neufchâteau attribue au morcellement volontaire de l'agriculture ne seraient rien en comparaison des vices d'un morcellement forcé.

Selon cet économiste, la multiplication des clôtures, la forme gênante des patrimoines, la perte de temps du propriétaire obligé d'éparpiller ses efforts sur trop de parcelles éloignées les unes des autres, la pénurie des capitaux, la difficulté d'établir en commun des travaux d'amélioration, et une foule d'autres inconvénients de la petite propriété perdent une grande partie du sol. L'impôt progressif causerait de bien plus grands dommages à l'agriculture dont il détournerait entièrement les capitaux ; il agirait comme ces baux destructeurs qui portent les fermiers à négliger l'entretien des terres, parce qu'il leur suffit d'en tirer un profit quelconque.

Si les futaies deviennent si rares, si les taillis eux-mêmes sont coupés plus tôt qu'ils ne devraient l'être par les petits propriétaires, un système de contributions qui ne comporte aucune spéculation d'avenir, n'enlèverait-il pas bientôt aux besoins du chauffage, à la marine, à l'architecture et à une foule de professions, les bois qui leur sont nécessaires ? Comment les nombreux vignobles dont les produits variables ne deviennent précieux qu'au bout d'un certain temps, suffiraient-ils à la tyrannie du fisc, qui obligerait leurs propriétaires à réaliser sur-le-champ des bénéfices incomplets ? Dans les pays où l'étendue des prairies à pâtures facilite l'éducation des animaux et bestiaux aratoires, tels que chevaux, bœufs, vaches, etc., la division forcée des patrimoines ne permettant plus ni de grandes avances, ni de grands établissements, sans le concours d'une multitude de propriétaires tous discordants à cet égard, la disette des bestiaux serait un autre résultat de l'impôt progressif.

La dissémination des fabriques en dehors des villes est souvent un précieux avantage, mais on ne pourrait y obliger les industries établies sans consommer leur ruine. Si les matières premières ne croissent plus avec la même abondance ni la même qualité, si le producteur craint de mettre ses capitaux à découvert, les manufactures, fabriques et usines doivent périr en se divisant. Une immense population d'ouvriers perdra ses moyens d'existence. L'industrie étrangère supplantera dans tous les genres notre industrie morcelée, inerte, ou réduite à de stériles efforts d'agiotage et de contrebande. Il est presque inutile de demander ce que deviendrait le commerce sous un régime où pour déguiser ses profits, il serait contraint de multiplier ses frais et ses risques, en faisant passer les marchandises sujettes à certaines inspections, en une infinité de petits ballots.

De l'impôt progressif sur les successions, sur les droits d'enregistrement, et le revenu public en général.

On a calculé que la totalité des patrimoines change de main par successions, donations entre-vifs et autres titres gratuits, une fois tous les trente ans. C'est donc le trentième de la richesse nationale qu'on peut annuellement saisir comme matière imposable.

Assurément aucune branche d'impôt ne comporte mieux que les successions ou donations entre-vifs, des taxes graduées, qui portent, dans ces cas, sur les ressources les plus incontestables, et réduisent d'avance des fortunes dont on n'a pas encore l'habitude de jouir. Cependant, puisque la perception du trésor se fait nécessairement pas préférence à tous les autres créanciers d'une succession, même hypothécaires ou privilégiés, un tel privilège de l'état doit faire hausser l'intérêt exigé par les prêteurs, en raison de la quotité de l'impôt, car celui qui prête impose un intérêt plus élevé à mesure qu'il court de plus grands risques. D'un autre côté, quand l'impôt excède une année du revenu des successions, il réduit ordinairement ceux qui héritent à emprunter pour acquitter ce qu'ils doivent.

De là un accroissement du nombre des emprunteurs et une nouvelle cause d'élévation dans le taux de l'intérêt de l'argent.

Ces divers effets de l'impôt progressif, ajoutés à tout ce que le besoin de s'y soustraire provoquerait de fraudes et de collusions, réduiraient indéfiniment la valeur vénale des biens-fonds, et par conséquent le revenu public.

Le défaut de concurrence des acheteurs et l'excessive concurrence des vendeurs contribueraient encore à l'avilissement du prix des immeubles. En effet, un impôt progressif sur les successions détacherait un grand nombre de propriétaires de tout bien immobilier, et forcerait beaucoup d'héritiers à s'en dessaisir immédiatement. Or les biens-fonds ne peuvent être ainsi dépréciés, sans que les revenus de l'état soient réduits dans la même proportion, non-seulement sur les successions et donations entre-vifs, mais sur les droits d'enregistrement des ventes, échanges et autres mutations à titre onéreux ou rémunératoire. L'impôt des patentes, les impôts fonciers, mobiliers et indirects, n'éprouveraient-ils pas aussi un incalculable déficit, si l'agriculture, en même temps que toutes les industries, venait à dépérir? Il est évident que les progressions croissantes dégradent à la fois la matière imposable et toutes les branches de revenus publics.

En l'an VII, l'impôt progressif n'avait encore été résolu que temporairement, pour des emprunts forcés. Cependant la révolution s'était tellement servie des expédients financiers les plus violents, qu'on ne payait plus que douze à treize fois leur revenu, les terres qui valaient vingt-cinq fois le même revenu avant 1792. De plus, le recouvrement de l'impôt territorial exigea une surcharge d'environ 50 millions en frais de garnisaires. Cette situation, qu'aggravait le dernier emprunt, facilita le coup d'état du 18 brumaire.

De l'impôt progressif sur le taux de l'intérêt de l'argent, les dépenses du gouvernement et la valeur des domaines nationaux

La dissimulation des fortunes, l'exportation des capitaux, leur mauvais emploi dans l'agiotage et l'usure, le péril des prêts, toutes ces causes réunies doivent élever l'intérêt de l'argent à un taux excessif. Mais le gouvernement, qui est le plus grand consommateur, se trouvant obligé de recourir à une multitude d'entrepreneurs de travaux et fournitures, il faut bien que ceux-ci ajoutent à leurs prix l'intérêt de leurs capitaux. Les dépenses publiques s'augmentent donc en même temps qu'on en tarit la source.

Les domaines nationaux cessent d'être une ressource pour les grands besoins de l'état, puisque leur acquisition entraîne des charges auxquelles personne ne veut s'exposer.

De l'impôt progressif sur les prêts

Il élève l'intérêt de l'argent, retombe sur l'emprunteur, et par conséquent sur le pauvre.

Sur les rentes payées par l'état.

On a démontré l'inutilité onéreuse des caisses d'amortissement ; on a été plus loin en soutenant, sans trop y réfléchir, la légitimité et les avantages d'un impôt proportionnel sur les rentes des fonds publics, mais les soumettre à l'impôt progressif serait anéantir évidemment le crédit national.

Sur les actions des banques et compagnies

On réclame avec raison des facilités pour diriger le crédit, au moyen de banques spéciales et d'autres établissements, soit vers l'agriculture, soit vers l'industrie nécessiteuse. N'est-ce pas une contradiction que de vouloir y appliquer aussi l'impôt progressif, qui en détournerait entièrement les capitaux?

Sur le traitement des fonctionnaires publics

M. Jollivet a fait voir qu'un essai de ce genre, entrepris en vertu des progressions créées par la loi du 1er thermidor an VII, réduisait, en plusieurs cas, les traitements des employés supérieurs au-dessous de ce qui restait à leurs subordonnés. D'après les données de cette loi, on calcula que le trésor aurait obtenu une économie de 3 à 4 millions, en élevant de 100 fr. chacun les traitements de 2,000, 3,000, 4,000 fr. Les plaisants de l'an VII appelaient cette opération, une prodigalité économique. Depuis cette époque, l'art des prodigalités économiques et des économies ruineuses s'est perfectionné.

Progressions lentes. — Progression saint-simonienne

Jusqu'ici nous n'avons examiné que les progressions croissantes dans le but de procurer sur les riches un produit supérieur à celui de l'impôt proportionnel.

Il nous reste à parler des progressions lentes et irrégulières dont le produit présumé serait inférieur au revenu public actuellement perçu. Celles-là provoqueraient presque autant de fraudes que si elles étaient plus rapides, car pour être lentement graduées, elles n'en resteraient pas moins des impôts de *quotité*, avec tous les inconvénients du sauve-qui-peut, et d'un surcroît de frais de perception. Elles dégrèveraient les riches pour écraser l'opulence, et ajouteraient aux dépenses de l'état, en diminuant ses recettes.

En voici un exemple que nous trouvons dans une brochure de M. Decourdemanche, publiée en 1831, sous le patronage de la doctrine saint-simonienne [7].

L'auteur de cet écrit voudrait qu'on appliquât l'impôt progressif aux revenus de tous les genres, actions des banqvies et compagnies, rentes sur l'état, rentes sur les terres, traitements, etc..... Nous ne reproduirons pas nos démonstrations sur l'impossibilité d'asseoir ainsi le revenu public.

Système général d'impôt progressif, de M. Decourdemanche, le seul qui ait été proposé depuis l'an VII et 1831

De 1 à 5,000 fr. de revenu	8 1/2 p. 0/0
De 5,000 à 10,000 — —	9 —
De 10,000 à 15,000 — —	9 1/2 —
De 15,000 à 20,000 — —	10 —
De 20,000 à 25,000 — —	10 1/2 —
De 25,000 à 30,000 — —	11 —
De 30,000 à 35,000 — —	11 l/2 —
De 35,000 à 40,000 — —	12 —
De 40,000 à 45,000 — —	13 —
De 45,000 à 50,000 — —	14 —
De 50,000 à 55,000 — —	15 —
De 55,000 à 60,000 — —	16 —
De 60,000 à 65,000 — —	17 —
De 65,000 à 70,000 — —	18 —

De l'Impôt progressif

De 70,000 à 75,000 — —	19 —
De 75,000 à 80,000 — —	20 —
De 80,000 à 85,000 — —	21 —
De 85,000 à 90,000 — —	22 —
De 90,000 à 95,000 — —	23 —
De 95,000 à 100,000 — —	24 —
De 100,000 et au-dessus — —	25 —

Probablement M. Decourdemanche et l'école saint-simonienne ont cru que cette progression appliquée à l'impôt foncier donnerait au moins le produit actuel. Tous les principes saint-simoniens, en effet, sont fort contraires au dégrèvement de la propriété territoriale. Eh bien! l'adoption du système progressif que nous venons d'exposer causerait à l'état, pour l'impôt foncier seulement, c'est-à-dire pour la matière imposable la plus facile à saisir, un déficit de 118,286,319 fr. sur 244,252,373 fr., qui seront perçus en 1833. Encore supposons-nous gratuitement que personne ne pourra se soustraire à cette impôt, et que les frais de perception ne seront pas augmentés.

Voici maintenant les bases de notre calcul. On sait qu'il est établi par un rapport officiel de M. de Chabrol, que sur 10,296,786 cotes foncières, il y en a 8/10 de 20 fr. et au-dessous ; 1/10 de 20 fr. à 50 fr. ; 1/10 de 50 fr. et au-dessus.

Selon M. Armand Séguin, dont les évaluations approximatives paraissent conformes aux données de M. de Chabrol, les 10,296,785 cotes foncières seraient ainsi distribuées :

D'après ces calculs où nous avons évalué les revenus imposés à six fois l'impôt, ce n'est qu'entre 60 et 65,000 fr. de revenu que la progression de M. Decourdemanche donnerait un produit égal à l'impôt actuel. Toutes les fortunes inférieures seraient dégrevées. Or, 60,000 fr. payant aujourd'hui 10,000 fr. d'impôt, il y a bien peu de cotes aussi élevées, et l'on conviendra que ce n'était pas la peine d'inventer une échelle de progression pour diminuer les charges de tous ceux qui ont moins de 60 à 65,000 fr. de revenu foncier.

Si l'on voulait répartir sur les 13,437 plus imposés, une surtaxe égale au déficit de 118,285,319 fr. qui résulterait pour l'état du système de M. Decourdemanche, chacun des riches ainsi surtaxés aurait à payer 8,796 fr. outre 1,714 fr. d'impôt perçu sur un revenu moyen de 10,398 fr. (total 10,529 fr.). L'impôt et la surtaxe dépassant de 131 fr. leur avoir, il faudrait les exproprier, et l'état éprouverait encore un déficit.

Voilà donc nos 13,447 plus imposés dans la plus complète indigence, et de la sorte ils obtiennent sans doute, à leur tour, les droits qu'un système logique de nivellement accorde au prolétariat sur la propriété inégalement répartie. Mais comme la grande propriété et la pairie elle-même appartiennent à un assez grand nombre de dignitaires expérimentés, qui ont fait leurs preuves de turbulence alors qu'ils n'étaient encore que des *prolétaires éloquents* le repos de l'état ne serait-il pas menacé dans le cas où leur tendresse pour la charte se changerait tout d'un coup en exaspération démocratique ?

M. Decourdemanche, honorablement préoccupé de l'idée de soulager les classes pauvres, n'a pas songé à tous ces inconvénients. La moralité même de sa conception l'a détourné de l'exactitude mathématique à laquelle il faut pourtant arriver si l'on veut descendre d'une théorie quelconque au *budget*.

Les hommes versés dans les sciences exactes et habitués au calcul ne manquaient pas parmi les saint-simoniens. Quand on proposera des progressions plus praticables que la leur, nous promettons d'en dire sincèrement notre avis.

En attendant, nous nous permettrons d'observer que la guerre du pauvre contre le riche n'est au fond que la guerre du pauvre ou du riche contre le pauvre. Dans la recherche de la meilleure assiette de l'impôt, c'est une illusion dangereuse de prendre le riche pour la richesse. Le riche échappe à la violence, et la richesse nationale serait le meilleur soulagement du pauvre.

« Monseigneur, *il n'y a pas de routes royales en algèbre*, disait un professeur à son élève ennuyé de la longueur de certaines démonstrations. » A ceux qui voudraient absolument poursuivre d'inépuisables trésors dans le portefeuille invisible des capitalistes ou les baux de quelques mille contribuables, on peut répondre : *Il n'y a pas de poule aux œufs d'or en économie politique*, et s'il y en avait une, ce serait mal fait de l'étrangler. »

Notes

1. Nous ne disons rien du seul privilège que l'Angleterre ait légué à son ancienne colonie, le maintien de l'esclavage dans quelques états. L'Amérique n'est responsable que de ses efforts pour remédier à un si grand mal.

2. Quoique Owen ait pratiqué le premier une association mal conçue, il a été précédé dès 1808 par M. Ch. Fourrier, qui va lui-même réalisera Condé-sur-Vesgre une théorie sociétaire digne de l'attention des penseurs. Mais M. Fourrier, bien loin de combattre la propriété, se propose d'étendre et de multiplier ses avantages. Ses procédés d'industrie attrayante sont tout ce qu'il y a de plus opposé à l'impôt progressif. Il promet aux capitaux, à l'intelligence, au travail, trois sortes de dividendes, sans lesquels une réforme sociale ne peut être qu'un tissu d'iniquités et de misères.

3. L'ouvrage de M. Jollivet est intitulé : De l'impôt progressif et du morcellement des patrimoines, avec cette épigraphe : c'est le vautour déchirant ses propres entrailles. 103 pages in-8°. Paris, 1793. Un seul journaliste osa l'annoncer quand il parut. M. Jollivet partageait la prison de l'illustre M. de Tracy. Tous deux allaient périr, quand le 9 thermidor les rendit à la science.

4. On peut lire les particularités de cette conspiration de Babeuf dans le récit qu'en a publié M. Buonarroti, son consciencieux et persévérant complice. (Conspiration pour l'égalité, dite de Babeuf. Un volume in-8°, Bruxelles, 1828.)

5. Le système des conspirateurs consistait simplement à supprimer la propriété individuelle, les villes, l'usage de la monnaie, le commerce et les relations avec les étrangers, etc., afin d'établir une communauté des biens, accompagnée d'institutions qu'il est inutile d'exposer ici.

6. M. Say répond à ceux qui prétendent que l'impôt progressif découragerait les efforts et les épargnes nécessaires à la multiplication des capitaux : « Mais qui ne voit que l'impôt, quel qu'il soit, ne prend jamais qu'une part de l'accroissement qu'on donne à sa fortune, et qu'il reste à chacun, pour produire, une prime d'en-

couragement supérieure à la prime de découragement ? » Nous avons donné des exemples de progressions, qui prouvent que M. Say ne se rendait pas compte de toutes les conséquences possibles de son principe.

7.   Lettres sur la législation, dans ses rapports avec l'industrie et la propriété.

ISBN : 978-1983821431